Descubrir el jardín

Jill Malcolm

Notas para los adultos

Este libro sin palabras ofrece una valiosa experiencia de lectura compartida a los niños que aún no saben leer palabras o que están empezando a aprender a leer. Los niños pueden mirar las páginas para obtener información a partir de lo que ven y también pueden sugerir textos posibles para contar la historia.

Para ampliar esta experiencia de lectura, realice una o más de las siguientes actividades:

Pídale al niño que le describa el jardín de sus sueños, y dibújenlo juntos.

Al mirar las imágenes y contar la historia, introduzca elementos de vocabulario, como las siguientes palabras y frases:

- abeja
- carretilla
- cavar
- cultivar
- flores
- frutas
- guantes
- herramientas
- hojas
- jardín
- pala
- plantas
- rastrillo
- regadera
- suelo
- tierra
- tijeras de podar
- vegetales

Hablen de jardines. Comenten qué hay en los jardines y qué trabajos se hacen allí.

Pídale al niño que cuente cuántas personas ve en el libro. Luego, pídale que cuente cuántos animales ve en el libro. Sigan a la abeja a lo largo de la historia.

Después de mirar las imágenes, vuelvan al libro una y otra vez. Volver a leer es una excelente herramienta para desarrollar destrezas de lectoescritura.

Asesora
Cynthia Malo, M.A.Ed.

Créditos de publicación
Rachelle Cracchiolo, M.S.Ed., *Editora comercial*
Emily R. Smith, M.A.Ed., *Vicepresidenta superior de desarrollo de contenido*
Véronique Bos, *Vicepresidenta de desarrollo creativo*
Dona Herweck Rice, *Gerenta general de contenido*
Caroline Gasca, M.S.Ed., *Gerenta general de contenido*

Créditos de imágenes: todas las imágenes cortesía de iStock y/o Shutterstock

Library of Congress Cataloging-in-Publication Data
Names: Malcolm, Jill, 1984- author.
Title: Descubrir el jardín / Jill Malcolm.
Other titles: Garden adventure. Spanish
Description: Huntington Beach, CA : Teacher Created Materials, Inc., [2025]
| Audience: Ages 3-9 | Summary: "Gardens are full of flowers and plants. Special tools are needed to work in a garden. What do you see in the garden that you can do?"-- Provided by publisher.
Identifiers: LCCN 2024022613 (print) | LCCN 2024022614 (ebook) | ISBN 9798765961971 (paperback) | ISBN 9798765966921 (ebook)
Subjects: LCSH: Gardening--Pictorial works--Juvenile literature. | Gardens--Pictorial works--Juvenile literature. | BISAC: JUVENILE NONFICTION / Gardening | JUVENILE NONFICTION / Readers / Beginner
Classification: LCC SB457 .M3518 2025 (print) | LCC SB457 (ebook) | DDC 635.022/2--dc23/eng/20240628

Se prohíbe la reproducción y la distribución de este libro por cualquier medio sin autorización escrita de la editorial.

5482 Argosy Avenue
Huntington Beach, CA 92649
www.tcmpub.com
ISBN 979-8-7659-6197-1
© 2025 Teacher Created Materials, Inc.
Printed by: 926. Printed in: Malaysia. PO#: PO13820